Norrköping

lieben lernen

*Der perfekte Reiseführer für einen unvergessli-
chen Aufenthalt in Norrköping inkl. Insider-
Tipps und Packliste*

Swantje Jeschke

✈ INHALT

Das erwartet Sie

Norrköping, dieser Name einer kleineren Stadt im Osten Schwedens sagt den allermeisten Touristen vermutlich nicht viel. Tatsächlich hat es diese Kleinstadt aber in sich. Denn sie steckt voller Geschichte, Natur und Kultur und kann einen damit in ihren Bann ziehen. Norrköping ist eine Stadt, die man erleben muss, um sie zu verstehen. Die Kleinstadt, zwei Stunden südlich von der schwedischen Hauptstadt Stockholm, überrascht mit untypischen Kakteengebilden im Zentrum, einer Industrielandschaft aus dem 19. Jahrhundert und zahlreichen Kulturangeboten.

Besuchen Sie die Stadt, die ihre Ursprünge bereits im Mittelalter hat, entdecken Sie altertümliche Felszeichnungen aus der frühen nordischen Bronzezeit und erfahren Sie, wieso sie den Beinamen „Manchester von Schweden" trägt. Tauchen Sie ein in die atemberaubende Natur Schwedens, nahe der größten Bucht des Landes und besuchen Sie den größten, familienfreundlichsten Tier- und Freizeitpark Skandinaviens. Wenn Sie nun darüber nachdenken sollten, dieser außergewöhnlichen Stadt einen Besuch abzustatten, sind Sie hier genau richtig!

Dieser Reiseführer enthält nützliche Tipps und Infos für Ihren perfekten Städtetrip sowie Insidertipps für Ihren ersten Besuch in Norrköping und dessen näherer Umgebung. Er verschafft Ihnen einen Einblick in die Kultur, die einzigartige schwedische Natur in und um Norrköping und in die Orte, die Sie während Ihres Trips unbedingt gesehen haben sollten. Lernen Sie die Hotspots und besten Restaurants der Stadt kennen. Und machen Sie sich mit der schwedischen Kultur vertraut. Wer sich auf der Suche nach einem tollen Urlaub voller Abenteuer befindet, ist in Norrköping genau richtig. Verschaffen Sie sich mit Hilfe dieses Reiseführers ein Gesamtbild über alle wichtigen Orte in Norrköping und erfahren Sie mehr über die Geschichte der Stadt. Doch was zeichnet die Stadt im Vergleich zu größeren und gar beliebteren Urlaubsorten wie etwa Oslo oder Stockholm aus? Und wieso sollte man diese Stadt auf keinen Fall unterschätzen?

Norrköping, die Stadt der Arbeiter

GEOGRAPHIE

Norrköping ist eine kleine Stadt im südlichen Osten Schwedens, in der Provinz „Östergötlands", mit circa 100.000 Einwohnern. Sie liegt an der Ostsee, circa zwei Stunden Autofahrt südlich der Hauptstadt Stockholm. Ihre geographische Lage ist daher für Ausflüge ideal. Im Norden und Westen der Stadt haben sich einzelne kleine Dörfer als Gemeinde mit der Stadt zusammengeschlossen. Im Westen befindet sich zudem noch der große See „Glan". Im Osten liegt Bråviken, die längste und größte Bucht Schwedens, mit einer Länge von

50 Kilometern. Durch die Stadt selbst fließt der Fluss „Motala Ström", der vom zweitgrößten See Schwedens in die Bucht mündet. Der Fluss selbst beinhaltet allein 13 Wasserfälle, die innerhalb der Stadt circa 20 Meter hinabspringen. Im Umland von Norrköping sind viele landwirtschaftlichen Nutzflächen angelegt worden, die hauptsächlich von den Menschen aus den umliegenden Dörfern genutzt werden. Im Süden, angrenzend an die Stadt, besteht noch eine größere unberührte Waldfläche. Wie viele andere Dörfer und Städte, wurde Norrköping vermutlich nahe einer Burg oder Festung erbaut. Im Umland gab es eine Festung nahe dem „Motala Ström". Die Festung „Johannisborg" lag im Osten Norrköpings und ermöglichte so den perfekten Schutz für das damalige Dorf.

NAMENSGEBUNG UND BESONDERHEITEN

Der Name „Norrköping" stammt von zwei zusammengesetzten schwedischen Wörtern. Zum einen „Norr" und zum anderen „köping". Diese bedeuteten „Nord" und „Minderstadt" oder auch „kleine Stadt". Ein ziemlich passender Name, da Norrköping nicht besonders groß ist, zumindest bezüglich der Einwohnerzahl. Wenn man das vergleicht, hat Norrköping rund 9-mal weniger Einwohner als die Hauptstadt des Landes. Den Namen erhielt die Stadt zu ihrer Ernennung als solche im 14. Jahrhundert. Damals war der Standort der Stadt schon sehr nördlich für die Schweden. Wir wissen alle, dass Schweden noch viel größer ist, aber die Erweiterung gen Norden erfolgte erst später, sodass Norrköping als eine Stadt im Norden galt. Als kleinen Fun Fact möchte ich erwähnen, dass die Aussprache der Stadt auf keinen Fall mit einem „k" erfolgt. Das „k" klingt eher wie ein „sch". Sodass es eher „Norrschöping" ausgesprochen wird. So machen das die Schweden bei vielen Wörtern, wie mir im Laufe meines Aufenthalts aufgefallen ist.

Als eine der Besonderheiten Norrköpings gilt

die Straßenbahn. Das klingt zuerst sehr unspektakulär, allerdings ist Norrköping neben Stockholm und Göteborg die einzige Stadt in Schweden, die an der Straßenbahn festgehalten hat. Andere Städte schafften sie aus Kostengründen ab oder haben sie noch nie genutzt. In Norrköping jedoch wurden sogar einige Straßenbahnwagen angekauft und importiert, die vorher in deutschen Städten wie Duisburg fuhren. Deswegen tragen manche Wagen noch Namen deutscher Städte, wie zum Beispiel Braunschweig. Die Farbe der Straßenbahn spielt für die Bewohner Norrköpings ebenfalls eine große Rolle.

Das mag den meisten Außenstehenden eher unwichtig erscheinen, jedoch wollte die Stadt 1990 die Straßenbahn vereinheitlichen, sodass eine Farbänderung von Gelb und Orange zu Rot erfolgt wäre. Folge dieser Entscheidung war ein lauter Bürgerprotest in der Stadt, sodass die Stadt die Änderung verwarf, um keine weiteren Proteste zu riskieren. Des Weiteren hat Norrköping den Vorteil, dass die Stadt einen eigenen Hafen hat. Es gibt rund 80 Häfen in ganz Schweden, Norrköping besitzt sogar gleich zwei Hafenanlagen. Zum einen den inneren Hafen, der durch den Fluss erreichbar ist. Dieser ist für kleinere Schiffe erreichbar, die bis zu neun Meter Tiefgang haben, hauptsächlich sind das kleinere Transport- oder Privatschiffe. Dort werden meist Produkte für die Holzproduktion in den nahen Werken angeliefert. Im äußeren Hafenbereich, welcher auf der zu Norrköping gehörenden Halbinsel „Händelö" liegt, haben auch große Fracht- und Containerschiffe Zugang. Jährlich legen rund 1.300 Schiffe an. Auch jede Menge Waren kommen hier über das Jahr verteilt an. So waren es 2005 gute 4.000.000 Tonnen Güter. Damit ist der Hafen Norrköpings der zehntgrößte in Schweden.

Auch der Flugplatz nahe der Stadt im Süden ist eine Besonderheit. Er gehörte bis vor einigen Jahren noch dem nationalen Flugunternehmen „Luftfartsverket". Da die Passagierzahlen allerdings zurückgingen, drohte dem Flugplatz die Schließung. Die Gemeinde Norrköping übernahm den Platz, sodass er nicht schließen musste. Seitdem erholt sich der Flugplatz wieder und es fliegen wieder mehr Menschen von diesem Standort. Der Flugplatz „Kungsängens flygplats" ist heute der älteste in Betrieb stehende Flugplatz in ganz Schweden. Täglich fliegen hier Maschinen nach Kopenhagen oder Helsinki. Im Sommer sind noch weitere Flüge in Urlaubsorte am Mittelmeer verfügbar. Der Flughafen wird zudem noch als Frachtflughafen genutzt. So wird Fracht, die in Norrköping produziert wird, über Island nach New York transportiert.

Eine weitere Ungewöhnlichkeit in Norrköping sind auch die Stadtbezirke. Die Kleinstadt besitzt nämlich 36! „Gamla staden" ist der Bezirk, der das Zentrum der Stadtmitte kennzeichnet und wo die ersten Häuser standen, als das Dorf gegründet wurde. Die Stadtmitte alleine beinhaltet schon mehr als zehn Bezirke. Sie sind alle jedoch nicht besonders groß. Je weiter die Bezirke vom Zentrum entfernt sind, desto mehr Fläche haben sie. So hat einer der äußersten Bezirke „Lindö" ungefähr die Fläche der gesamten Bezirke der Stadtmitte.

Dabei ist „Lindö" nicht einmal der größte Bezirk Norrköpings. Unter den Einwohnern Norrköpings und dessen Umgebung wird Norrköping als „Arbeiterstadt" bezeichnet. Linköping, die Nachbarstadt im Süden, hingegen ist die „Stadt der Studierenden". Der Grund für diese Bezeichnung liegt bei den vielen Industriegebäuden und ansässigen Firmen in Norrköping und der berühmten Universität von

Linköping. Norrköping besitzt zwar auch einen Campus, der allerdings zur Universität von Linköping gehört und als Außenstelle dient, um jungen Erwachsenen in Norrköping und Umgebung ebenfalls ein Studium zu ermöglichen. Der Campus bietet Platz für etwa 5.000 Studierende.

Der „Motala Ström", dem Norrköping einiges zu verdanken hat, stammt aus dem „Vätternsee", dem zweitgrößten See Schwedens. So fließt das Wasser aus dem Ursprung im „Vätternsee" bis hin in die Ostsee, wo der Fluss in der Bucht „Bråviken" mündet. Auf dem Weg zur Ostsee passiert der „Motala Ström" die Seen „Boren", „Roxen" und „Glan" westlich von Norrköping. So legt das Wasser des Flusses an die 100 Kilometer vom Ursprung bis in die Ostsee zurück. Verglichen mit anderen Flüssen ist dies zwar nicht allzu viel, jedoch gibt es selten Flüsse, die so oft große Seen passieren. Wegen der Strecke, die der Fluss zurücklegt, sowie dem Nutzen des Flusses, wurde er zum Naturschutzgebiet erklärt und wird von Umweltaktivisten stets geschützt.

DIE GESCHICHTE NORRKÖPINGS – VOM FISCHERDORF ZUR INDUSTRIESTADT

Wie bereits erwähnt, erhielt Norrköping seinen Namen zur Ernennung als Stadt. Die Wurzeln liegen allerdings im 12. Jahrhundert, als Norrköping noch ein kleines Fischerdorf war. Alles begann mit den legendären Wikingern, die sich in Norrköping ansiedelten, da es für sie, aufgrund der Küstennähe, den perfekten Ausgangspunkt für ihre Raubzüge darstellte. Nach den Wikingern siedelten sich Kaufleute und Bauern an, die damals vom Fischen und dem Bodenanbau lebten. Durch den hervorragenden Standort nahe dem Wasser und der guten Fruchtbarkeit des Bodens siedelten sich hier schnell viele Leute an. Sie lebten in einfachen Holzhütten, die sie um den Marktplatz herum bauten. Zudem errichteten sie die erste Kirche. „Gamla torget" heißt der Platz heute, wo früher die ersten Häuser standen.

Der Lachsfang machte den Standort umso beliebter, sodass Norrköping im 14. Jahrhundert als wohlhabende Stadt bekannt wurde. Die damalige Königin Margarethe I., die sich selbst als Königin dreier Länder krönen ließ, bekam zudem eine Burg westlich der Stadt auf einer Insel im „Motala Ström". Die Burg „Ringstaholm" gehörte von da an der Krone. Nachdem diese allerdings zweimal in einem Jahrhundert von aufständischen Bauern belagert wurde, wurde sie, wie das mittelalterliche Norrköping, niedergebrannt.

1567 tobte der „Dreikronenkrieg" zwischen Schweden und Dänemark rund um die Stadt. Schwedische Soldaten versuchten damals die dänische Armee in Norrköping durch einen Überraschungsangriff zurück zu drängen. Nach kurzen Gefechten gelang dies auch. Norrköping war von da an ein Rückzugsort für die schwedischen Truppen aufgrund eines neu eingerichteten Lazaretts. Im 16. Bis 17. Jahrhundert wurde Norrköping dann wegen seiner guten Lage am Wasser neu aufgebaut. Das Schloss „Johannisborg" wurde von 1613-1618 erbaut.

Heute ist davon nur noch das Torhaus als Ruine übrig. In diesem Jahrhundert begann in Norrköping auch die Produktion von Waffen und Bier für die schwedische Flotte, welche oft in der Bucht „Bråviken" ankerte. Schweden stand des Öfteren im Krieg mit Russland, da Finnland damals noch zu Schweden gehörte und Russland dieses zu seinen Ländereien zählen wollte. Zum Zeitpunkt des Krieges 1719 galt Norrköping als zweitgrößte Stadt Schwedens und war wirtschaftlich ein bedeutender Standort für die Waffen-, Papier-, Textil-, und Schiffsherstellung. Aus diesem Grund plünderten russische Soldaten Norrköping im Laufe des Krieges und brannten es erneut nieder, sodass Norrköping ein weiteres Mal neu aufgebaut werden musste.

Was auch sehr interessant ist, ist die Tatsache, dass Schweden seit fast 200 Jahren nie wieder im Krieg war. Der letzte Krieg, den Schweden führte, war 1808 gegen Russland. Ungefähr elf Mal befand sich Schweden mit Russland im Laufe der Jahrhunderte im Krieg. Im Zuge der Industrialisierung wurde Norrköping ein wichtiger Standort für die Textilindustrie. Seit dem 19. Jahrhundert galt Norrköping als alte Industrie-, Handels- und Seestadt. Vor allem auch, da die Textilindustrie Norrköpings 70% der schwedischen Bekleidungsherstellung ausmachte. So wurde Norrköping überall als das „Manchester von Schweden" bekannt. Die Industriegebäude stehen bis heute noch am „Motala Ström" und wurden modernisiert. Sie bieten heute Platz für den Campus der Universität Linköping, ein Museum und eine Konzerthalle, aber auch Cafés und Restaurants befinden sich in den alten Produktionsgebäuden. Neben der Textilindustrie, die immer größer wurde, versuchte sich die Stadt auch im Anbau von Tabak.

Im 18. Jahrhundert, vor dem großen Textilboom, baute man im Umland sehr erfolgreich Tabak an. Das hielt sich auch sehr lange, bis in die 1930er Jahre. Dann schlossen die großen Firmen ihre Fabriken. Dennoch wurde Tabak bis 1947 angebaut und regional verkauft. Schweden war bekanntermaßen nicht am Zweiten Weltkrieg beteiligt. Die Schweden befürchteten jedoch ständig, durch eine Invasion der Deutschen in diesen Krieg hineingezogen zu werden. Durch Verhandlungen mit den beiden großen Kriegsmächten Deutschland und Großbritannien konnte Schweden aber seine Im- und Exporte aufrechterhalten.

Das war für Norrköping unheimlich wichtig, da Norrköping zur Zeit des Zweiten Weltkriegs immer noch komplett auf die Textilindustrie fixiert war und Exporte nach Deutschland und Dänemark wichtige Einnahmequellen waren, um Profit herauszuschlagen. Nach dem Krieg nahm die Textilindustrie zunehmend ab. Produkte wurden anderswo, besonders in Asien, billiger hergestellt, sodass die Textilindustrie schon bald nur durch kleinere Betriebe in Norrköping gehalten wurde. Um diesen enormen Verlust zu kompensieren, entschied der Staat, einige staatliche Behörden von Stockholm nach Norrköping umzusiedeln. Die Ausländerbehörde, das Amt für Luftfahrt, sowie die Seefahrtbehörde und einige andere stärken bis heute die Wirtschaft Norrköpings. Aufgrund des Flusses sind allerdings bis heute noch einige Firmen der Papierindustrie in Norrköping ansässig, sowie chemische Industrien und der große deutsche Energiekonzern „E.ON". Norrköping hat sich natürlich seit der großen „Textilpleite" schon wieder erholt und durch den Campus der Universität Linköping auch einige kleinere Firmen zurück in die Stadt gelockt.

Beeindruckende Orte

MUSEEN UND THEATER: DIE KULTURELLE VIELFALT NORRKÖPINGS

Norrköping bietet einem eine Menge Geschichte in den Museen der Stadt und Kultur pur in dessen Theatern. Das bekannteste Theater Norrköpings ist das „Stora teatern", welches die größte Theatergesellschaft Schwedens beherbergt, die „Östgötateater". Das „Stora teatern" liegt nahe dem „Motala Ström" im Stadtzentrum und ebenfalls in der Nähe des „Carl Johans Park". Das Theater hat seine Standorte in Norrköping und

Linköping, der Nachbarstadt Norrköpings, aufgeteilt. Rund 100.000 Menschen besuchen jährlich die Vorstellungen des Theaters. Dabei kann es sich um schwedische Theaterstücke handeln, allerdings werden auch ausländische Stücke aufgeführt.

Einige Einheimische, mit denen ich sprach, legten mir wärmstens ans Herz, sich einmal eine schwedische Vorstellung anzuschauen. Ich hatte leider nie die Gelegenheit, allerdings könnte das etwas für Sie sein. Das Theater hat hier in der Stadt einen guten Ruf. Wer also viel von Kultur in Form von Theater hält, sollte hier auf jeden Fall einmal einen Blick darauf werfen. Das zweite bekannte und beliebte Theater ist das „Lilla teatern", welches in der Straße „Norra Promenaden" zuhause ist.

Das Theater wird oft für Live-Opern und Musikbands genutzt und es bietet Schulen in der Nähe an, das Theater für Proben und Aufführungen zu nutzen. Viel mehr Theater gibt es tatsächlich nicht in Norrköping, jedoch gibt es noch ein regional bekanntes Orchester, das „Norrköpings Symfoniorkester". Das Orchester hat seine Wurzeln im Jahre 1912. Es musiziert und tritt in der Konzerthalle „Louis De Geerhallen" im Zentrum der Stadt auf.

An Museen gibt es wohl die größte Auswahl und auch dort gibt es wieder einige bekanntere: Das wohl bekannteste Museum in Norrköping ist das „Museum der Arbeit". Es widmet sich der Industriegeschichte der Stadt. Dementsprechend also der Zeit der Industrialisierung, denn wie bereits erwähnt war diese Zeit eine sehr bedeutende für die heutige Kleinstadt. Wenn man durch die Straßen läuft, kann man an jeder Ecke Spuren der Industrialisierung finden. Die meisten Häuser und Gebäude in der Innenstadt waren schon zur Zeit der Industrialisierung dort und dienten als Fabriken. Das „Arbeitsmuseum" ist eines dieser Gebäude.

Es steht auf einer kleinen Insel mitten im „Motala Ström". Seine ungewöhnliche Gebäudeform gab ihm den Spitznamen „Järn", was so viel wie Bügeleisen bedeutet. Das „Arbeitsmuseum" sieht aus wie ein Bügeleisen und zeigt in seinen sieben Etagen vor allem, wie die Menschen damals an den Maschinen gearbeitet haben, wie sie gelebt haben und wie die Industrialisierung die Stadt verändert hat. Dabei möchte das Museum, das neue Diskussionen aufkommen und Menschen die Dinge hinterfragen, also aktiv mitdenken. Jeder Mensch soll zum Denken angeregt werden. Daher lautet das Motto des Museums übersetzt: „Wir werfen lieber neue Fragen auf, als einfache Antworten zu geben." Der Wert, dass jeder Mensch gleich ist und keiner besser oder schlechter, ist dem Museum sehr wichtig.

Weitere bekannte Museen der Stadt sind das „Stadtmuseum" und das „Kunstmuseum". Im Stadtmuseum, welches nicht weit vom „Arbeitsmuseum" entfernt liegt, werden ebenfalls die Menschen gezeigt und wie sie sich im Laufe der Jahrhunderte verändert haben. Das „Stadtmuseum" wurde 1981 geöffnet, und verwaltet nach eigenen Angaben das Kulturerbe. Durch Ausstellungen, Stadtrundgänge, Vorträge und anderen Programme wird das Wissen über die Stadt an Interessierte vermittelt. Es ist dem Museum sehr wichtig, unterhaltsam zu arbeiten, sodass den Bewohnern der Stadt das kulturelle Erbe und dessen Erhalt wichtig ist.

Dabei wird ein großes Augenmerk auf die Jugend gelegt. Kinder und Jugendliche sollen sich schon früh damit beschäftigen und in der Schulzeit Ausflüge in das „Stadtmuseum" unternehmen. Sowohl im „Stadtmuseum", als auch im „Arbeitsmuseum" steht eine Weberei und verschiedene

Textilmaschinen aus früheren Zeiten. Die beiden Museen gelten außerdem als Info Point, da die klassische Touristeninfo in Norrköping abgeschafft wurde.

Das „Kunstmuseum" verfügt über eine große Bandbreite an Kunstwerken der Moderne und der zeitgenössischen Kunst Schwedens. Auch eine Grafiksammlung und ein kleiner Skulpturenpark mit 15 Skulpturen inmitten der Stadt, hat das Museum zu bieten. Von Zeit zu Zeit wechseln die Ausstellungen, sodass man Ausstellungen zu verschiedensten Themen ansehen kann. Diese bleiben meist mehrere Monate, sodass die Bewohner auch einmal Zeit haben, sich die Ausstellung in Ruhe anzuschauen. Ein weiteres Museum, welches meiner Meinung nach sehr unterschätzt wird, ist das „Visualization Center C". Es liegt in der Nähe des „Arbeitsmuseum", gleich neben der Brücke „Bergsbron".

Das Center stellt sich selbst nicht als Museum, sondern als Wissenschafts- und Forschungseinrichtung vor, jedoch kann man hier Ausstellungen besuchen. Es dreht sich alles um das Thema Visualisierung in verschiedenen Formen. Es werden neue 3D Techniken präsentiert und zur Schau gestellt. Auf einer großen Fläche kann man sich die neuen Arten der Visualisierung anschauen. Wer sich darunter noch nichts vorstellen kann, sollte erst recht einmal vorbeikommen. Sie besitzen zudem einen Raum, in dem ein 360 Grad Kino mit 3D Film läuft.

Dabei können um die 100 Gäste einen Rundumblick von einem Dom in Norrköping auf der Leinwand zu Gesicht bekommen. Eine einzigartige Technologie, die man wohl eher selten zu Gesicht bekommt. Die Einrichtung ist laut eigenen Angaben der Meinung, dass man die Forschung öffentlicher gestalten sollte. Daher bietet sie Ausstellungen, im Gegensatz zu anderen Forschungseinrichtungen und Laboren. Auch für Kinder gibt es hier viel zu entdecken. Es gibt kleine Infotafeln zum Thema, bei denen Kinder sich an kleinen Aufgaben probieren können. Die Einrichtung hat auch ein eigenes Restaurant, welches gutes Essen serviert.

Es hat einen gewissen Cafeteria Stil, aber das Essen ist sehr lecker und das Personal freundlich. Die Einrichtung arbeitet eng mit der „University of Linköping" zusammen und viele Studierende dieser Universität arbeiten auch in der Einrichtung an ihren Projekten. Das Ziel der Forschungseinrichtung ist es neben dem informieren über die Technik, auch Menschen darauf aufmerksam zu machen, wie wichtig die Visualisierung von Dingen ist. Im Alltag wären wir ohne diese nämlich komplett aufgeschmissen. Ein kleines Museum für Wirtschaftsinteressierte ist das „Holem Museum".

Es steht zusammen mit dem „Holmentornet" im Westen des Stadtzentrums und informiert über die frühere Arbeit in den Fabriken. Veteranen erzählen hier in Erfahrungsberichten, wie der Arbeitsalltag aussah und wie hart der Job zur damaligen Zeit war. Zudem wird bei kleinen Führungen, Filmen und Ausstellungen, gezeigt wie Papier damals manuell hergestellt wurde. Als Highlight des Museums können Sie als Besucher ebenfalls ihr Glück versuchen und ihr eigenes Papier herstellen. Durch die Kooperation mit der Gemeinde Norrköping kommen auch oft Grundschulen in das Museum. So lernen die Kinder die Vergangenheit praktisch kennen.

DIE EINKAUFSMEILEN UND HOTELS DER STADT

In der Innenstadt Norrköpings wimmelt es nur so von Shopping-Möglichkeiten. Man kann im Zentrum von einer Mall zur anderen laufen und hat immer noch nur die Hälfte gesehen. An sich hat Norrköping drei große Shopping- Malls und einige Einkaufsstraßen. Die „Spiralen", das „Linden Köpcentrum" und die „Galleria Domino". Alle drei bieten eine Vielzahl von Läden und Shopping Möglichkeiten. Die „Spiralen" sind im Herzen der Stadt. Wenn man über „Drottninggatan" die „Spiralen" betritt, kann man ab dort von Mall zu Mall laufen. In den „Spiralen" selbst kann man wirklich alles finden, von Cafés über Restaurants bis hin zu Geschäften und Sitzgelegenheiten. Nach einem Kaufrausch können Sie sich sicher sein alles gefunden zu haben.

Auch Bio-Läden und exotische Restaurants befinden sich hier. Das Essensangebot ist unglaublich groß. Von asiatischer Küche bis zur traditionellen schwedischen Küche ist hier einiges zu finden. Aufgrund seiner zentralen Lage ist es ebenfalls einfach, dort hinzugelangen. Man findet Bus- und Straßenbahnstationen an jeder Ecke um das große Gebäude herum. Auch ein großer Parkplatz befindet sich im Osten der Mall. Wenn man nun die „Spiralen" gen Norden verlässt, läuft man direkt dem „Linden Köpcentrum" über den Weg. Dieses schmückt sich mit dem Titel „Fashion house since 1977". Wie dies schon sagt, findet man hier alles an Kleidungsstücken. Zudem gibt es noch Fitnessstudios und einige Sushi-Sushi-Läden, auf die die Mall sehr stolz ist. Wer dort kein Glück hatte oder nicht das passende Outfit für sich zusammenstellen konnte, kann es auch noch in der „Galleria Domino" probieren, welche direkt neben dem „Linden Centrum" ist.

Denn auch dort wird „Fashion" großgeschrieben. Wer nach dem ganzen Laufen von einer Mall zur nächsten die Orientierung verloren hat, sollte sich nicht scheuen Passanten nach dem „Knäppingsborg quarter" zu fragen. Die Einheimischen behaupten von sich selbst, dass sie die Nachbarschaft exzellent kennen. So sollte es kein Problem für Sie darstellen, das „Knäppingsborg quarter" zu finden. Dort können Sie sich nach dem Kaufrausch in einer historischen Nachbarschaft entspannen. Hier kann man vor allem sehr gut essen gehen. Es gibt eine Menge Angebote, bei denen Sie einiges an Geld sparen könnten. Die gemütliche Atmosphäre des Viertels nimmt die ganze Aufregung und den Stress und lässt einen den Tag entspannt abschließen, wenn man denn möchte. Für wen es noch nicht genug war, der kann die nahegelegene Einkaufsstraße „Gamla Stan" entlang schlendern. Dort gibt es einige Boutiquen und Snackläden. Wer noch mehr Action braucht, kann entweder gen Norden in die Mall „Ingelsta Shopping" oder in den Süden, zur Mall „Mirum Galleria" fahren.

Beide liegen etwas außerhalb der Stadt. Nach einem langen Shopping-Tag braucht man dann natürlich auch noch eine Unterkunft für die Nacht. Dabei gibt es mehrere Optionen im unmittelbaren Zentrum. Das wohl beste Hotel Norrköpings ist das „The Lamp Hotel", ein 4-Sterne Hotel, welches von außen schon einen beeindruckenden Eindruck macht. Es ist von der Lage her perfekt für Touristen, da es nur drei Querstraßen vom großen Trubel und Kaufstrauß entfernt ist.

Es ist etwas teurer vom Preis her, überzeugt aber mit seiner Atmosphäre und dem guten Service. Bei einer Übernachtung fällt einem aber auch auf, dass das Nachtleben stören kann. Durch die zentrale

Lage könnte es manche stören, viel vom Verkehr auf den Straßen mitzubekommen, vor allem, da das Hotel nahe der Hauptstraße „Drottinggatan" liegt. Ansonsten ist es ein sehr gutes Hotel für Leute, die an nichts sparen wollen. Unweit vom „The Lamp" gibt es das „Elite Grand Hotel", ein nicht besonders einzigartiges Hotel wie „The Lamp", da es mehrere dieser Kette in Schweden gibt, allerdings nicht weniger gut. Es liegt ebenfalls nicht weit von den Einkaufsmalls entfernt und sogar nur 200 Meter vom Hauptbahnhof der Stadt.

Das 4-Sterne Hotel hat zudem eine sehr schnelle Anbindung an die Einkaufsstraße „Drottninggatan", wo auch der Eingang zu den „Spiralen" liegt. Da das Hotel am Fluss liegt, kann man hier mit dem richtigen Zimmer, eine tolle Aussicht genießen. Anders als diese beiden 4-Sterne Hotels liegt das „Comfort Hotel" mit 3-Sternen auf der anderen Seite des Flusses, weit weg von den Einkaufsstraßen und dem Trubel. Es liegt nahe der Brücke „Hambron" und hat ebenfalls eine tolle Aussicht auf den Fluss und die gegenüberliegenden historischen Gebäude. Es gilt als eher einfaches Hotel, hat aber dennoch einen sehr guten Ruf in der Stadt. Viele Gäste schätzen dieses Hotel aufgrund seiner zwanglosen entspannten Atmosphäre. Das Personal hatte immer ein Lächeln auf den Lippen und war stets freundlich zu den Gästen. Das waren drei Hotels, in denen ich unterkommen durfte, und es war eine sehr entspannte Zeit vor Ort. Natürlich gibt es noch viele weitere Hotels in Norrköping. Es gibt rund zwölf Hotels im unmittelbaren Zentrum. Im Allgemeinen hatte ich aber das Gefühl, dass diese Hotels einen hohen Standard und Anspruch an sich selbst haben, um ihren Gästen einen tollen und entspannten Aufenthalt zu ermöglichen.

DIE SEHENSWÜRDIGKEITEN NORRKÖPINGS

Ich selbst war sehr überrascht, wie viele sehenswerte Orte und Gebäude Norrköping, sowie die Umgebung zu bieten hat. Im Folgenden werde ich die sehenswertesten Orte erläutern. Fangen wir im Zentrum der Stadt an. Nahe des „Motala Ström" gibt es einen kleinen Park, den „Karl Johanns Park". Er ist offiziell als keine Touristenattraktion gekennzeichnet, dennoch sollte man diesem Park als Tourist einen Besuch abstatten. Denn er beherbergt eine beeindruckende Kakteenlandschaft. Ja, sie haben richtig gelesen. Im Zentrum Norrköpings, in einem der nördlichsten Länder der EU gibt es eine kleine Kakteenlandschaft.

Diese ist in einem Halbbogen von anderen Pflanzen umgeben, und so quasi „eingezäunt". Rund 25.000 Pflanzen gilt es hier zu bestaunen. Zugegeben, der Park ist im Frühling besonders hübsch anzusehen, da die anderen Pflanzen, die um die Kakteen stehen, dann besonders aufblühen. Bei den Kakteen handelt es sich dabei um pfeilartige Kakteen, die einen Bezug zu einem aktuellen Thema darstellen. Oft sind es auch Wappen, Firmenlogos von Firmen, die die Stadt finanziell unterstützen, oder Figuren. Zum Beispiel war 2010 das Rathaus Norrköpings als Motiv zu erkennen, zum Anlass des 100-jährigen Jubiläums.

Auch ehemalige Könige durften schon einmal als Motiv dienen. Der Park ist rund um die Uhr geöffnet, jedoch lohnt sich der Besuch eher bei Tag. Da diese exotische Landschaft dauerhaft gepflegt wird, sieht sie immer sehr hübsch aus. Bevor die Kakteen dort platziert wurden, stand dort eine Statue von Karl XIV. Johann, dem ehemaligen König Schwedens. So verdiente sich der Park auch den Namen. Bevor der Park seine Kakteen bekam, importierte die Stadt bereits exotische Pflanzen, wie Palmen und Drachenbäume. So entwickelte sich das Interesse der Bürger, solche exotischen Pflanzen öffentlich zu präsentieren. Zu Beginn war die Kakteenlandschaft im Park auch noch sehr klein. Im Laufe der Zeit spendeten Investoren und andere Begeisterte Geld, um die Anlage zu vergrößern.

Als Dank für die Spende kam der Stadtverwaltung die Idee, sich bei den Investoren und Spendern durch die in den Kakteen dargestellten Motiven zu bedanken. Die Motive wurden im Laufe der Zeit so viele, dass heutzutage nur wichtige, historische Persönlichkeiten, wie ehemalige Könige gezeigt werden. Wie bereits erwähnt, gibt es aber auch Firmenlogos oder die Wappen der Stadt Norrköping oder Ähnliches. Die Motive werden jährlich in einen anderen Stil geändert, sodass es zum Anfang jedes neuen Jahres ein neues Motiv und einen neuen Stil gibt. Mittlerweile fiebern und raten viele Einheimische vorher gerne einmal, welches Motiv als Nächstes kreiert wird. So bleibt das Motiv bis kurz vor der Erstellung unter Geheimhaltung, um die Vorfreude zu steigern. Auf jeden Fall sehenswert, diese exotische kleine Landschaft inmitten einer Kleinstadt. Nicht weit von der exotischen Kakteenlandschaft am „Motala Ström" findet man, so wie eigentlich in der gesamten Innenstadt, altertümliche Gebäude des frühen 18. bis 19. Jahrhunderts.

Die Industrielandschaft Norrköpings hat für manche eventuell auch einige Reize übrig. Norrköping als Stadt wird auch oft „Freilichtmuseum für die schwedische Industriegeschichte" genannt. Bis auf eine Fabrik wurden alle älteren Gebäude modernisiert, sodass sie heute für allerhand anderes genutzt werden. Früher waren die Gebäude Fabriken der Textilverarbeitung, mit Nähmaschinen und der Arbeitsplatz für viele Bürger der Stadt. Heutzutage wird jedes Gebäude, anders als damals, nicht einheitlich für denselben Zweck verwendet. In einem Haus ist heute eine Bäckerei, im nächsten ein Restaurant.

Und wieder im Nächsten befindet sich eine Wohngegend. Besonders am Fluss stehen viele ältere Gebäude, die für kulturelle Zwecke genutzt werden, sodass man von einer Brücke aus auf eine richtige Altstadt am Wasser schauen kann. Von der

Brücke „Bergsbron" aus kann man sogar die kleine Insel mitten im Fluss sehen, auf der sich unter anderem das „Arbeitsmuseum" und einige Restaurants befinden. Besonders bei Dämmerung ist die Gesamtkulisse atemberaubend. Ohne den ganzen Verkehrslärm im Rücken könnte man dort denken, man sei zurück im Zeitalter der Industrialisierung.

Die einzig übrig gebliebene große Fabrik heißt „Holmens Paper". Das Gebäude der früheren Fabrik ist heute ein kleines Museum geworden. So ist auch der „Holmentornet", zu Deutsch der „Holmet Turm", eine Sehenswürdigkeit geworden. Sehr prachtvoll und groß steht er westlich der Stadtmitte. Das Gebäude gilt als Symbol des industriellen Erbes von Norrköping und als Erinnerung der „Holmenmühle", welche einst ein Unternehmen der Papierherstellung war und in Norrköping seinen Sitz hatte. Der Turm ist seit 1990 ein Baudenkmal der Stadt Norrköping, aufgrund seines geschichtlichen und kulturellen Hintergrundes.

Das bereits erwähnte „Arbeitsmuseum" gilt offiziell übrigens auch als Sehenswürdigkeit Norrköpings. Ebenfalls im Zentrum nahe dem ganzen Shopping Trubel befindet sich ein deutscher Platz, auf

Schwedisch „tyska torget". Auf dem deutschen Platz befindet sich die „Hedwigskirche", für die Schweden bekannt als die „hedvigs kyrka". Sie wurde nach Erlaubnis der Stadt 1673 von deutschen Einwanderern erbaut und eingeweiht.

Von da an war sie für die deutschsprachige Bevölkerung gedacht. Daher ist sie bis heute noch als „die deutsche Kirche" der Stadt bekannt. Den Namen hat sie von der Königin Hedwig Eleonora, die die Kirche zu ihrer Lebzeit sehr schätzte und unterstützte. Nach dem Krieg mit Russland 1719 musste die „Hedwigskirche" nach schwerer Beschädigung neu erbaut werden. Die letzte Restaurierung war 2013 und seit einigen Restaurierungen besitzt die Kirche auch eine eigene Orgel und eine beeindruckende, sehenswerte Fassade. In Schweden sind die Menschen im Durchschnitt gläubiger als in Deutschland, so erweckt es den Anschein. Rund 60% der Bevölkerung in Schweden haben eine Religion.

Demnach sind auch die Zahlen der Kirchen und Kapellen in der Stadt entsprechend hoch. Norrköping allein hat circa 20 Kirchen und sieben Kapellen, in denen sich Leute trauen lassen und andere, die ihre Religion dort ausleben. Eine berühmte Kirche ist zum Beispiel die „Sankt Olai Kirche". Sie ist eine der größten in Norrköping und bedeutet den Einwohner sehr viel. Sie befindet sich im „Olaipark", nur einen Katzensprung von der Hauptstraße „Drottninggatan" entfernt.

Die „Sankt Olai Kirche" wird auch oft Krönungskirche genannt, da der frühere König Gustav IV. und seine Frau 1800 dort gekrönt wurden. Da es Unruhen in Stockholm gab, musste die Krönung in Norrköping erfolgen. Die Kirche, die heute dort steht, ist bereits die dritte oder vierte. Der Standort erlitt einige Schicksalsschläge und erlebte einige Kriege mit. Die bis heute stehende Kirche steht allerdings seit der Einweihung 1767. Die „Sankt Olai Kirche" bedeutet den Einheimischen sehr viel, da sie ihren Namen vom Heiligen „Sankt Olof", der als Schützer der Stadt Norrköping gilt, bekommen hat.

Die Baupläne der „Sankt Olai Kirche" galten auch als Vorbild für einige Kirchen in Rom und anderen Städten Italiens. Zu den weiterhin größten Kirchen zählt neben der „Sankt Olai Kirche" auch die „Matteus Kirche", welche im nördlicheren Teil steht und die „Sankt Johannes Kirche", die im Süden der Stadt liegt. Die „Matteus Kirche" hat ihren Platz nahe einem Friedhof. Sie ist über mehrere kleine Wege sowohl von der Straße „Norra Promenaden" als auch von der Straße „Plankgatan" erreichbar. Die Kirche ist wirklich sehr groß und sowohl von außen als auch innen schön anzusehen. Eine Synagoge mit jüdischem Friedhof an der Straße „Bråddgatan" erinnert an die hohe jüdische Bevölkerung, die Norrköping im 19. Jahrhundert beherbergte. Ihnen wurde erlaubt die Synagoge zu erbauen, um ihren Glauben ausleben zu können. Die jüdische Bevölkerung bekam damals nur die Erlaubnis sich in Göteborg, einer der größten Städte an der Westküste Schwedens, Stockholm und Norrköping niederzulassen.

Norrköping konnte sich nur dank des „Motala Ströms" als große Textilstadt beweisen. Die Wasserkraft wurde in Norrköping bereits im Mittelalter genutzt. Da der Fluss eine Fallhöhe von 20 Metern passiert, ist die Kraft enorm. Im 17. Jahrhundert nutze man bereits diese Kraft, um Mühlen und Maschinen anzutreiben. Neben der Textilherstellung wurde die Wasserkraft auch für die Herstellung von Papier genutzt.

Wie im Vorwort bereit erwähnt, gibt es Felszeichnungen in Norrköping. Diese liegen an der südlichen Einfahrt zu Norrköping an der Fernstraße E4. Bekannt unter dem Namen „die Felsritzungen von Himmelstalund", oder auf Schwedisch „Himmelstalund hällristningar". Hier ist die Rede von „Petroglyphen", also in Stein geritzte Bilder. Untersuchungen nach sollen sie aus der schwedischen Bronzezeit stammen, welche circa um die Zeit 1500 bis 500 vor Christus war. Sie sind also mindestens 2500 Jahre alt. Sie könnten aber auch 3500 Jahre alt sein.

Es ist eher eine Zeitspanne, wenn es um das Alter dieser Zeichnungen geht, genau bestimmen lässt sich das nicht. Die Bilder zeigen verschiedene Tiere wie Elche, Pferde, Wildschweine und Hirsche. Am meisten jedoch wurden Schiffe gemalt. Diese sind immer unterschiedlich groß, was nichts bedeuten muss. Die Zeichnungen sind am „Motala Ström" auf einem Gebiet von circa zehn Kilometer zu finden. Zählungen zu Folge sind es um die 1.700 Zeichnungen, die auf die Felsen reingeritzt wurden.

Als besondere Zeichnungen gelten eine Herde von Schweinen und eine Wildschweinjagd, bei der zwei Männer mit zwei Hunden gegen einen großen Eber kämpfen. Aber auch eine lange Reihe von eingeritzten Bärentatzen, die eine Spur von über 20

Meter einnehmen sind zu sehen. Bei einigen Schiffen wurde auch angedeutete Bemalungen der Bordwände gefunden und einige Zeichnungen ähneln einem Schiff, welches allerdings auf 350 vor Christus, also eigentlich nach der Bronzezeit, datiert wurde.

Eigenartig sind auch die nur in „Östergötland" vorkommenden Zeichnungen von netzartigen Symbolen. Bei Funden anderer Zeichnungen im Norden gab es nie solche, außer in der Region um Norrköping. „Himmelstalund" gehört mit zwei anderen Orten zu einer der wichtigsten Fundplätze in Schweden. Sehr mysteriöse, einzigartige und sehenswerte Funde. Da Norrköping nicht nur die Stadt beinhaltet, sondern auch das Umland zu Norrköping zählt, kann man weitere Sehenswürdigkeiten außerhalb dazu zählen. Vor allem für Familien, Naturbegeisterte und Menschen, denen die Stadt zu stressig ist, sind die folgenden Sehenswürdigkeiten mit Sicherheit etwas.

Wir schauen nach Osten, zur längsten und größten Bucht Schwedens. Die Bucht „Bråviken" ist gute 50 Kilometer lang und reicht bis zur Insel „Lindö", welche vor der Küste Norrköpings liegt. Wenn man ein Auto hat, kann man dauerhaft am Wasser entlangfahren und hat einen tollen Ausblick. Grund für die Autofahrt am Wasser soll neben dem tollen Ausblick auch die Ankunft in „Kolmården" sein. Denn dort gibt es den größten Tier- und Freizeitpark in Skandinavien, beziehungsweise Nordeuropa.

Der Park befindet sich circa 30 Kilometer von der Stadtmitte Norrköpings entfernt und bietet rund 70 verschiedenen Tierarten und weiteren hundert Fischarten ein Zuhause. Der „Kolmården Zoo" ist mit einer Fläche von 1,75 Quadratkilometern der größte Zoo in der nordischen Region und zählt zu einem der größten weltweit. Vier Jahre nach der Eröffnung kam zudem noch ein Delfinarium dazu, welches außerdem Shows anbietet. Ein sehr begehrtes Ausflugsziel für Familien und Tierfreunde. Es gibt dort noch weitaus mehr zu sehen, als das Delfinarium. Der Tierpark bietet eine regenwaldähnliche Zone mit tropischen Vögeln, Reptilien und Krokodilen.

Zudem gibt es separat zum Park neuerdings ein Aquarium mit einem Korallenriff und über 100 Fischarten. Darunter leben zehn Haie, die es zu bestaunen gibt. Bei meinem Besuch kam ich aus dem Staunen gar nicht mehr heraus. Denn der Park „Kolmården" ist äußerst besucherfreundlich gestaltet. Es gibt jede Menge kleinere Attraktionen für

Kinder, neuerdings sogar etwas weiter weg, zum Schutz der Tiere, eine Holzachterbahn, um den Freizeitparkaspekt etwas weiter in den Vordergrund zu rücken. Die Achterbahn brach sogar einige Rekorde. Heute schmückt sie sich mit den Titeln, der höchsten, drittschnellsten und fünftlängsten Achterbahn weltweit.

Das Parkmanagement hat sich außerdem nicht lumpen lassen, den Gästen einen Überblick über die ganze Szenerie zu gewähren. Neben normalen Parkplänen kann man seit 2011 nun eine Luftseilbahn nehmen, um eine Rundfahrt zu machen. Sie geht über 2,5 Kilometer und ist mit rund 80 käfigartigen Gondeln ausgestattet. Da man auch über Gehege einiger Raubtiere schwebt. Nach einer guten halben Stunde ist die kleine gemütliche Fahrt vorbei und man hat den Überblick, um zu wissen, wo man denn noch einmal genauer nachschauen möchte, dieses Mal zu Fuß. Der Park wirbt sehr stark dafür, sich gegen das Artensterben einzusetzen.

So kann man sich im Park über das Artensterben informieren und erfahren, was man selbst dagegen tun kann. Natürlich kann man im Park selbst auch bei einem Lunch in einem der Restaurants einkehren. Und anders als in anderen Zoos und Parks hier zu anständigen und nicht überteuerten Preisen. Auch hier ist für jeden vorgesorgt. Für Groß und Klein gibt es hier allerhand. Von schwedischen Spezialitäten bis hin zu Mexikanischer Küche.

Für jeden findet sich etwas. Extra für die kleineren unter den Gästen eröffnete der Park zudem eine eigene kleine Welt, die „Bamse värld", „Bamse`s Welt", in der der schwedische Cartoon-Teddybär zum Leben erwacht. „Bamse värld" ist der pure Spaß für die Kinder. Neben unzähligen Spielplätzen und Parkanlagen gibt es auf der 20.000 Quadratmeter großen Fläche zudem noch Fahrgeschäfte für Kinder. Der Park wirbt neuerdings auch mit einer neuen Delfinshow, die 2020 das erste Mal vorgeführt werden soll. Dann löst die neue Show „HOPE" die gerade noch aktuelle Show „LIFE" ab. Der Park möchte dabei auch bestimmte Werte und einen korrekten

Umgang mit den Tieren vermitteln. Neben dieser wird auch eine Greifvögel-Show gezeigt, unweit von der Delfinshow. Wie Sie also sehen, kann man hier im Park „Kolmården" eine ganze Menge erleben. Dazu reicht meistens ein Tag nicht aus. Daher kann man über Nacht in einem Hotel des Parks unterkommen und den nächsten Tag noch dort verbringen. Im Allgemeinen eine sehr tolle Erfahrung und auch für Menschen, denen der Zoo nicht zusagt, eine schöne Erfahrung. Denn dieser Park setzt sich sehr für artgerechte Tierhaltung, Nachhaltigkeit und Naturschutz ein und nutzt den guten Ruf des größten Safariparks des Nordens, um Menschen zu informieren und sie auf diese Themen aufmerksam zu machen.

Auf dem Rückweg nach Norrköping kann man noch einmal die unberührte Natur rund um „Bråviken" sehen. Beeindruckende Felswände am Wasser und ruhiges Gewässer. Vor allem, wenn man am Abend zurückfährt, kann man einen traumhaften Sonnenuntergang beobachten. Südlich vom Tierpark und der Bucht findet man ein kleines Örtchen namens „Vikbolandet", circa 30 Kilometer von Norrköping entfernt. Dort gibt es ein „Zarah-Leander-Museum". Sie war eine berühmte schwedische Schauspielerin und Sängerin, die besonders nach dem Zweiten Weltkrieg Bühnenauftritte in Schweden, Deutschland und Österreich veranstaltete. Im Museum kann man viel über ihre Motive für die Auftritte und ihr Leben erfahren. Da „Vikbolandet" fruchtbares Land und viele Felder besitzt, gibt es hier neben dem kleinen Museum auch viele Hofläden. Sogar eine Straußenfarm „Vikbolandsstruts" ist hier ansässig. Dort werden Strauße gehalten und geschlachtet, und das Fleisch dann vor Ort als Gerichte angeboten. Außerdem gibt es auf der Farm noch andere Dinge zu kaufen, wie Straußenleder oder Straußensalbe. Ein sehr exotisches Erlebnis und gewiss nicht für jedermann. Nahe der Straußenfarm befindet sich auch eine Truthahnfarm, „Visätters kalkon". Für mich waren das Highlight allerdings nicht die Truthähne, sondern die Alpakas, die dort auch gehalten werden. Die Truthähne werden hauptsächlich für die Weihnachtszeit geschlachtet und regional verkauft. Aber auch ein Nutzen wird aus den Alpakas gezogen, der Garn beziehungsweise die Wolle der Alpakas wird verkauft.

Zurück in Norrköping kann man gen Südwesten aufbrechen, um „Schloss Löfstad" einen Besuch abzustatten. Es liegt etwa 10 Kilometer von Norrköping entfernt. 1983 wurde es zur Liste der schwedischen Kulturdenkmäler aufgenommen. Das Schloss ist ein echter Hingucker. Angrenzend an das Hauptgebäude selbst findet man zwei Flügel. Einer diente als Wohnbereich, der andere beinhaltet einen Stall. Die Geschichte des Schlosses reicht bis in das 17. Jahrhundert zurück, wo es einst dem Adligen und Feldmarschall Axel Lillie gehört.

Er ließ es erbauen, um später darin wohnen zu können. So wurde es von 1637 bis 1660 gebaut. Zwar musste das Schloss seitdem öfter restauriert werden, kleine Details aus der Zeit sind mancherorts aber noch zu finden. Zum Beispiel eine bemalte Holzdecke im Südflügel, sowie die Überreste eines Fassadegemäldes. Wenn Ihnen Schlösser im Allgemeinen gefallen, werden hier Führungen durch die Räumlichkeiten angeboten. In der Umgebung Norrköpings gibt es zudem noch einige Naturschutzgebiete, die besucht werden können. So gibt es das Schutzgebiet „Ågelsjön" im Norden der Stadt, „Vrinneviskogen" im Süden und das „Getå Naturreservat" östlich von Norrköping nahe dem Ort „Kolmården".

Die besten Lokale der Stadt

DIE BESTEN KNEIPEN UND BARS

Auch ein leckerer Cocktail, ein Softdrink oder ein Bier am Abend darf bei solch einer Reise nicht fehlen. Dafür machte ich mich eines Abends auf die Suche in der Stadtmitte. Auch wenn es bereits sehr früh dunkel wird in Norrköping, so strahlt meist alles noch im Licht der Laternen oder der umliegenden Lokale und Häuser. Ich informierte mich vorher, welche Bars es gibt. Auf den ersten Blick eine sehr ernüchternde Feststellung, da es sehr wenige im Zentrum gibt. Alle etwas über 10 bis 15 Minuten auseinander. Also entschied ich mich zuerst in das „The Black Lion Inn" zu gehen. Es liegt nahe dem großen Shopping-Wahn, in einem etwas weiter abgelegenem, ruhigerem Viertel. Die Bar liegt an der Ecke „Gamla Rådstugugatan" und „Trädgårdsgatan". Beim Betrachten der Preise fiel mir erneut auf, dass diese nicht allzu hoch waren. Vielleicht kam mir das auch nur durch die andere Währung so vor.

Die Cocktails jedenfalls, sind den Preisen entsprechend dort wirklich gut. Auch das Personal ist freundlich und zuvorkommend. Das einzige Manko ist wohl der Geräuschpegel. Auch wenn es in einer Bar natürlich nie so still sein kann und sollte, wie in einer Bibliothek, war es doch schon sehr anstrengend, sich mit jemandem zu unterhalten oder einen Drink zu bestellen. Auf einer kleinen Veranda kann man besonders im Sommer sehr gut draußen sitzen. Neben allerhand Drinks und Cocktails bietet die Bar auch kleinere Gerichte an.

Zu meinem Erstaunen wurden neben typischen kleinen schwedischen Fleischbällchen auch vegetarische und vegane Gerichte angeboten. Probiert habe ich es allerdings nicht. Am nächsten Abend entschied ich mich dann, in die Kneipe „The Bishop Arms" zu gehen. Sie liegt am „Motala Ström". Die

Kneipe ist Teil eines riesigen Gebäudes und teilt sich dasselbe Dach unter anderem mit dem „Elite Grand Hotel". Das Lokal macht auf den ersten Blick einen sehr guten Eindruck. „The Bishop Arms" besitzt einen kleinen Biergarten direkt außerhalb vor der Tür, von dem aus man einen tollen Blick auf den Fluss hat.

Beim Reingehen kam bei mir sofort das Pub-Feeling auf, das man sonst nur in seiner Stammkneipe hat. Beeindruckt von dem Aussehen, setzte ich mich und bestellte. Auf der Speise- und Getränkekarte wird mit echtem schwedisch gebrautem Bier geworben. Auch richtige Mahlzeiten werden hier serviert. Natürlich hat eine Kneipe im Zentrum der Stadt auch seine Nachteile. Da es direkt an der Hauptstraße „Drottninggatan" liegt, ist hier immer viel los. Autos und Straßenbahnen fahren hier die meiste Zeit des Tages entlang.

Da kann man vermutlich nicht draußen entspannt im Biergarten, der zur Straße und Fluss gerichtet ist, sitzen und ein Bier trinken. Alles in allem aber trotzdem eine tolle Erfahrung. Eine weitere Bar wollte ich dann noch besuchen, kam aber nicht mehr dazu, die „Lion Bar". Auch sie liegt, wie „The Bishop

Arms" an der „Drottninggatan", bloß etwas weiter südlich, gute 10 Minuten Fußweg entfernt. Auch sie ist Teil eines größeren Hauses direkt an der Straße. Einen Biergarten oder eine Veranda gibt es hier nicht. Dafür wäre auch gar kein Platz. Die Bar bietet Bier, Cocktails und Speisen an. Eine gute Alternative, wenn man gerade in der Nähe ist, ist auch das „Highlander Inn" an der „Sankt Pergatan". Es hat einen hervorragenden Ruf und wurde mir des Öfteren empfohlen. Es liegt auch nahe der „Drottninggatan" und bietet exzellente Cocktails. Dabei handelt es sich wohl um einen typisch schottischen Pub mit Außenterrasse. Neben den angeblich exzellenten Cocktails soll es wohl auch erstklassiges schwedisches Bier geben. Alle vier Lokale liegen im Zentrum und sind zu Fuß gut erreichbar.

DIE BESTEN RESTAURANTS

Norrköping besitzt zwar nicht sehr viele Bars und Kneipen, jedoch Unmengen an Restaurants. Alleine schon in den Einkaufsmeilen gibt es unzählige. Zu meinen Favoriten zählt das sehr originelle Restaurant „St. Georg The Grill". Das Lokal liegt gegenüber der Mall „Galeria Domino" am nördlichen Ausgang in der Straße „Repslagaregatan". Hier gibt es eine große Auswahl an Gerichten vom Grill. Es gibt Rind Fisch und auch vegane Speisen.

Es gilt außerdem als äußerst familienfreundlich, da es sogar eine eigene Speisekarte für Kinder gibt. Die Gäste sahen sehr zufrieden aus und ich war es auch. Das Essen war sehr lecker, allerdings waren die Preise zu hoch für meinen Geschmack. Da ich solch ein Restaurant aber nicht alle Tage besuche, dachte ich, ich könnte doch einmal nicht auf den Preis schauen. Abgesehen vom Preis war auch echt alles sehr gut. Der Inhaber und sein Sohn, die das Restaurant managen, sprachen überraschenderweise deutsch. Der Sohn bereitete zudem noch selbst frische Cocktails an der hauseigenen Bar zu. Wer also nicht die richtige Bar für sich gefunden hat, sollte es hier auf jeden Fall probieren. Wie ich nach einem kurzen Gespräch mit dem Inhaber erfahren habe, wird das Fleisch hier nur von ausgewählten Privatschlachtern gekauft und hat daher vermutlich auch seinen Preis.

An sich sehr lobenswert, nur kann der Normalbürger das vermutlich auf Dauer nicht gut finanzieren. Für ein unvergessliches, einmaligen Abendessen ist es aber allerdings empfehlenswert. Bei einem Spaziergang durch die Straßen oder auch beim Einkaufen sah ich überall Restaurants. Dabei fiel mir auf, dass das Angebot hier sehr weit gesteckt war. Es gab Köstlichkeiten aus aller Welt. Ich sah Griechisch und Thailändisch und sehr viele Imbissbuden. Allerdings viel mir auch auf, dass vorwiegend italienisches und asiatisches Essen vertreten waren. In Deutschland ist das allerdings nicht anders.

Natürlich findet man auch schwedische Restaurants mit typisch schwedischen Fleischbällchen oder in Schweden auch „Köttbullar" genannt. Allerdings werden die schwedischen Gerichte oft mit Speisen aus anderen Ländern angeboten, sodass es kein „richtiges" schwedisches Restaurant gab. In Norrköping, aber auch in Schweden allgemein sind Falafel ein großes Thema. Ich sah des Öfteren

Imbissbuden und sogar teilweise Restaurants, die mit „den besten Falafel" der Stadt warben. An Restaurants kann man hier sehr viel ausprobieren.

Ich probierte ein Restaurant mit dem Namen „Urban Goat" aus. Es liegt etwas außerhalb des Stadtzentrums. Der Grund für den Besuch war eine Empfehlung von meinem Hotel, als ich sie nach einem typischen schwedischen Restaurant fragte. Von außen machte es keinen so guten Eindruck. Es ist ebenfalls Teil einer Häuserreihe und sah eher aus, als wäre es dort herein gepresst worden. Das änderte sich allerdings schnell, als ich das Lokal betrat. Innen ein sehr gemütliches Ambiente mit tollem Licht, welches eine gemütliche und entspannte Atmosphäre erzeugte.

Am Ende entschied ich mich dann doch dazu, das allzu vertraute italienische Essen zu probieren. Mit dem Hintergedanken, beziehungsweise der Neugier ob es denn genau so schmecken würde wie in Deutschland. Das „Pappa Grappa" liegt an der „Gamla Rådstugugatan". Schon einmal vorweg: Wer italienisches Essen liebt, kommt hier auf jeden Fall auf seine Kosten. Das Restaurant hat eine tolle Pizza, ausgezeichnete Pasta und sehr nettes Personal. Die

Preise waren aber auch hier wieder etwas zu hoch, wie ich fand. Von außen ist es wirklich sehr unscheinbar und sieht einfach aus.

Die Atmosphäre innerhalb ist aber typisch italienisch. Zumindest wie es in den meisten Lokalen in Deutschland ist. Viele Gemälde an der Wand, etwas abgedunkelter mit angenehmem Licht. Alles in allem auch ein sehr empfehlenswertes Restaurant, wenn man nicht auf den Preis achten muss. Bei meinen Besuchen in den Restaurants der Stadt habe ich oft zu einem sehr hohen Preis gegessen. Leisten kann sich das auch nicht jeder, und ich habe auch nach ein paar Restaurantbesuchen gemerkt, dass ich das nicht finanzieren möchte. Also suchte ich nach etwas preiswerteren Restaurants.

Direkt neben dem Hotel „The Lamp" in der „Hospitalsgatan" findet man ein kleines Lokal, welches Street Food anbietet. „Pig n hen" heißt das kleine Restaurant, mit wirklich preiswerten Speisen. Auch für Vegetarier lässt sich hier etwas finden. Man kann zudem sehr gemütlich drinnen sitzen. Unweit von der „Hospitalsgatan" ungefähr 5 Minuten entfernt in der „Drottinggatan" neben dem weltweit bekannten „McDonald´s" befindet sich auch ein schwedisches

Fastfood Restaurant namens „Lingon Food & Friends". Dort findet man einiges an Fastfood, von Pizza über Burger bis hin zu Pasta zu einem günstigen Preis. Auch leckere selbst kreierte Sandwiches bietet der Laden.

Gesund ist es sicher nicht, aber wenn man gerade in der Nähe sein sollte und man gerade keine andere Idee hat, unterstützt man doch vielleicht lieber ein lokales Fastfood Restaurant als ein weltweit bekannteres wie „McDonald's". Eher für einen Snack oder das Frühstück ist das Café „Landerholms Konditori Mjölnaren" geeignet. Der Standort dieses Café ist nahe der Insel „Laxholem" im „Motala Ström". Auf der Insel liegt auch das „Arbeitsmuseum", sodass man nach einem Besuch im Museum auch einen Kaffee trinken gehen könnte. Neben vieler verschiedener Saftarten und Kaffee bietet das Café auch Frühstück an. Darunter Sandwiches, Bagel und Salate. Für den kleinen Hunger für zwischendurch optimal zu einem fairen Preis. Die Bäckereien und Konditoreien Norrköpings haben im Allgemeinen übrigens auch einen guten Ruf. Scheuen Sie sich also nicht, eine der vielen auszuprobieren.

Die Geheimtipps

ANBINDUNG

Norrköping liegt nahe der Hauptstadt, daher ist eine Anfahrt über mehrere Wege möglich. Sie kommen zum einen super mit dem Auto hin. Es gibt eine große Autobahn um die Stadt, die in Schweden Europastraße genannt wird, mit direkten Anbindungen an Stockholm im Norden und Linköping im Süd-Westen. Zwei dieser Europastraßen kreuzen sich hier. Die Europastraße „E4" und „E22". Eine führt über den Osten Schwedens runter in den Süden. Die andere verbindet Orte in Zentral- und Nordschweden. Alternativ können sie aber auch bequem mit der Bahn anreisen.

Die schwedische Bahngesellschaft „SJ",

vergleichbar mit der Deutschen Bahn in Deutschland, hält auf dem Weg von oder nach Stockholm ebenfalls am Hauptbahnhof in Norrköping. Fernbusse fahren auch regelmäßig, besonders das Reiseunternehmen „FlixBus" fährt den Busbahnhof von Norrköping oft an. Der Busbahnhof und Hauptbahnhof teilen sich den Standort. Norrköping besitzt außerdem den bereits erwähnten Hafen und einen Flughafen. Beides wird nicht besonders oft von größeren Passagierschiffen und Maschinen angefahren beziehungsweise angeflogen. Bei ihrer Abreise aus Norrköping ist es wahrscheinlicher eine Anbindung zu erhalten, als bei ihrer Ankunft. Innerhalb der Stadt ist alles möglich. Bus, Straßenbahn und Auto klappen wunderbar. Zu Staus kommt es seltener, allerdings ist im Stadtzentrum auch gerne mal viel los.

GEHEIMTIPPS/GEHEIMORTE

Ich habe viel auf meiner Reise gesehen und auch einiges entdeckt, was Sie eventuell nicht bemerken, durch unglückliche Zufälle oder fehlender Informationen durch ihren Reiseleiter oder ihr Hotel. Es gibt viel zu sehen in Norrköping. Da kann man schon einmal leicht den Überblick verlieren. Die vielen Kirchen, Einkaufsstraßen und Malls und die vielen Restaurants. Aber auch das allgemeine Stadtbild der Industrialisierung, vor allem in der Stadtmitte. Um sich den perfekten Überblick zu verschaffen, sollten sie sich einmal zum Rathaus Norrköpings begeben. Das Rathaus befindet sich gegenüber vom „deutschen Platz" und hat in seinem Turm eine kleine Aussichtsplattform, auf der sie die Stadt und Umgebung gut überblicken können. Nach den ersten Touristenwellen, die die Stadt bekam, wurde die Plattform im Gebäude des Rathauses eröffnet. In der Stadt gibt es noch eine „echte" Sehenswürdigkeit wie ich finde.

Eine kleine Bar in der „Hospitalsgatan" namens „GIN". Die beeindruckend moderne Einrichtung hat mir die Sprache verschlagen und wenn man drinnen sitzt, kommt man sich wie in einer anderen Welt vor. Alles sieht so edel und besonders aus. Auch von der

Kost und den Getränken her war alles sehr vorzüglich und ein kompetentes Personal gibt es noch obendrein. Eine wirkliche Überraschung, wie ich finde. Wer von den Hotels der Stadt nicht angetan ist, sollte sich über „Arkösund" informieren. Das ist ein kleiner Urlaubsort circa 40 Minuten von Norrköping entfernt.

Der Ort liegt an der Ostsee. Das „Arkösund Hotell" und der nebenan liegende Freizeithafen machen den kleinen Ort aus und locken viele Urlauber an. Neben dem Segelhafen und Segelclub des kleinen Ortes kann man sich am Freizeithafen Kajaks ausleihen und damit in Hafennähe herumfahren. Die Natur dort ist atemberaubend schön und vom Wasser aus bietet sich noch einmal eine komplett andere Sicht auf die umliegende, unberührte Natur. Der Ort gilt zwar als kleiner Hotspot, von Menschenmassen kann hier aber nicht die Rede sein. Meine Empfehlung wäre, dass man sich ein paar Tage in einem Hotel in Norrköping genehmigt und dann aufbricht nach „Arkösund", um dann dort weitere Tage auszuspannen und zu relaxen.

Zwar gibt es keine Strände, an denen man sich sonnen könnte, jedoch genügend Felsen, auf denen man dies tun kann. Etwas entfernt von „Arkösund" in Richtung Norrköping, circa 45 Kilometer entfernt liegt eine Hirschzucht, „Ormsätter". Die Zucht hält die Tiere und verkauft Hirschfleisch. Zudem verkaufen sie Honig aus der hauseigenen Imkerei und vermieten auch Ferienhäuser. Definitiv sehenswert!

Ein Spezialtipp ist zudem das „Freilichtmuseum Färgargården", mit dazugehörigem Café. Auf der „Colourfarm" werden sie ins 19. Jahrhundert zurückversetzt und erleben wie eine Familie zu der Zeit gelebt hat. Eigener Stoff wird dort hergestellt und verkauft. Eine Magd schrubbt am Fluss einen alten Teppich, so wie es früher einmal gemacht wurde. Mit altertümlichem Handwerk, Kochen, Gartenarbeit und Aktivitäten wie Führungen und Shows möchte das kleine Museum am „Motala Ström" im Westen der Stadt erklären, wie die Menschen noch vor 200 Jahren dort gelebt haben. Im kleinen Café gibt es allerlei kleine Snacks. Zu empfehlen sind dort die Waffeln, die garantiert Groß und Klein schmecken werden. Eine sehr spannende Erfahrung, die einen zurück in die Zeit katapultiert.

Unsere Sommer sind in Deutschland geprägt von hohen Temperaturen. Auch in Schweden kann es im Sommer auch schon einmal zu 40 Grad Celsius oder sogar mehr kommen. Da kann einem eine Erfrischung den Tag retten. Wie es der Zufall will, gibt es in der Umgebung von Norrköping sehr viele Badeseen. Bereits südlich der Stadt kann man in einer Entfernung von circa acht Kilometern auf vier Badeseen stoßen.

Der nächstgelegene See ist der „Ensjön", fünf Kilometer von der Stadt entfernt. Im Sommer kann es, aufgrund der Stadtnähe, da auch einmal recht voll werden, für Menschen die also eher sich in Ruhe sonnen lassen wollen vermutlich nichts. Der riesige See „Glan" westlich der Stadt ist zudem auch sehr beliebt. Wer lieber in der Stadt bleibt, kann auch das Schwimmbad „Medley Centralbadet" besuchen. Im Sommer ist dort neben dem Hallenbad auch ein großes Freibad, welches eröffnet. Sie kommen dort auch gut hin. Sowohl Bus oder Straßenbahn, Auto oder zu Fuß ist möglich. Ein Spaß für die ganze Familie, verspricht zumindest das Schwimmbadmanagement.

Es ist zwar kein Geheimtipp, wird aber oft unterschätzt. Im nordwestlichen Teil des Stadtzentrums an der „Norra promenaden" nahe der „Matteuskirche" und dem Friedhof, ist der „Folkparken" zu finden. Er ist sogar relativ groß. Mit 20 Hektar ist es der größte Park in Norrköping. Er bietet einen entspannten Spaziergang durchs Grüne nach einem Besuch bei der „Matteuskirche".

Der Park besitzt zudem eine der besten Anlagen für Beach-Volleyball mit sechs Feldern. Zudem gibt es am Rand des Parks noch die „Folksparkskolan", eine Vorschule. Neben einem Spaziergang kann man hier auch Frisbee-Gold auf einem 18-Loch-Platz probieren, der durch den ganzen Park führt. Frisbees werden auch vor Ort vermietet. Vor allem Jogger trifft man hier oft an. Auch für Sportarten wie Basketball, Handball, Tischtennis und Hockey bietet der Park seinen Platz an. Für Kinder ist auch vorgesorgt. Ein Spielplatz mit Klettergerüsten, Schaukeln und den eben erwähnten Tischtennis Platten garantiert auch Spaß für die Kleinen.

Auch für Pausen ist gesorgt, durch viele Bänke kann man auch einmal entspannt sitzen. Ein Park für alle Generationen, wie ich ihn genannt habe. Westlich von der „Matteuskirche" ist zudem noch Springbrunnen platziert worden. Eigentlich sehr ungewöhnlich einen solchen Park genau ins Stadtzentrum zu bauen, jedoch ein super Ort, um den Kopf freizubekommen, bei einem Spaziergang, gut geeignet fürs Joggen und andere Sportarten und auf jeden Fall etwas für die Kinder.

Auch die Halbinsel „Malmölandet" im Norden von Norrköping kann besucht werden. Dort gibt es zwar nicht allzu viel, aber für einen Spaziergang ist es auf jeden Fall geeignet. Wer lieber in der echten Natur einen Spaziergang macht, als im angelegten Stadtpark ist hier genau richtig. Die Halbinsel ist voll von bestellten Feldern und kleineren Wäldern. Auch eine Papierfabrik, die in Betrieb ist, steht hier. In der Umgebung der Fabrik kann man einen entspannten Spaziergang, in einer kleinen Kulturlandschaft aus Eichengärten machen. Rund um den kleinen See „Lillsjön" gibt es ebenfalls einen kleinen Wald. Auch hier bietet sich ein Spaziergang um den See an. An der Küste gibt es kleine Strände mit Schilf, wo allerdings das Baden verboten ist. Es gibt bestimmt noch einige weitere „versteckte Orte", die wahrscheinlich sogar mir versteckt geblieben sind.

SWANTJE JESCHKE

ALLGEMEINE TIPPS FÜR DEN
PERFEKTEN AUFENTHALT

Seien wir ehrlich, man kann nicht alles sehen und erleben, was in diesem Reiseführer beschrieben
wurde. Man will es vermutlich auch nicht. Es gibt
sehr viel in der Stadt zu sehen, aber auch im Umland
ist einiges los. Und was soll man tun, wenn man nur
ein paar Tage zu Besuch ist? Man kann gar nicht alles
besichtigen oder alle Restaurants probieren, die es
dort gibt. Das ist aber nicht nur in Norrköping so. das
geht einem in den allermeisten Städten so.

Um immer flexibel zu sein und auch mal etwas
in der Umgebung der Stadt sehen zu bekommen,
empfehle ich daher einen Mietwagen. Leihen Sie sich
für die Dauer ihres Aufenthaltes einen Mietwagen.
Diese sind meist nicht allzu teuer. Damit sind sie immer flexibel unterwegs und können auch mal in den
„Tierpark Kolmården" oder nach „Arkösund". In der
Stadt könnten sie dann notfalls auch noch auf die
Straßenbahn oder den Bus zurückgreifen, die beide
in den meisten Teilen der Innenstadt fahren. Aber
für das Umland eignet sich ein Auto dann natürlich
schon. Doch seien sie vorsichtig, wenn sie in der Innenstadt fahren. Die Straßenbahnen haben keine

eigene Spur und fahren dort, wo normalerweise die Autos fahren. Also immer mit offenen Augen durch die Innenstadt fahren. Natürlich fahren die Straßenbahnen nicht blind drauf los. Ein rücksichtsvolles Fahren von allen ist hier das Motto. Wer ständig Action braucht, kann sich an der Straße „Drottninggatan" orientieren. Sie wurde oft in diesem Reiseführer erwähnt und hält so vieles bereit.

Eine Packliste kann ich ihnen nicht präzise nennen. Die hängt davon ab, in welcher Jahreszeit sie fahren. Ich selbst hatte meinen Besuch im November des Jahres. Zu der Zeit war es schon ordentlich kalt draußen. Da es im Winter in Norrköping allgemein kälter ist als in Deutschland, empfehle ich sehr warme Sachen. In einem der Wintermonate dorthin zu reisen erschien mir persönlich als vorteilhafter, denn mir wurde berichtet, dass der Sommer in den Monaten Juli und August nicht nur heiß ist, sondern auch heiß begehrt bei den Touristen. Mein Tipp wäre daher, in der Frühlingszeit oder zur Winterzeit nach Norrköping zu reisen. Im Frühling hätte man dann den super aufblühenden „Carl Johans Park" mit den Kakteen. Und im Winter ist es einfach schön, besonders in der Vorweihnachtszeit durch die geschmückten Straßen zu laufen. Vor allem auch, wenn bereits Schnee liegt. Es ist natürlich immer Geschmackssache, welchen Zeitraum man sich aussucht. Die Hochsaison im Sommer kann natürlich auch schön sein, wenn man oft an die Ostsee oder an einen Badesee fahren kann. Sightseeing wird dann, bei den hohen Temperaturen, aber bestimmt nicht so viel Spaß machen.

Bezüglich der Finanzen empfehle ich eine Kreditkarte, mit der man auch zu niedrigeren Gebühren im Ausland bezahlen kann. In Schweden, beziehungsweise Norrköping kann man so gut wie überall alles per Kreditkarte bezahlen. Informieren sie sich vorher über die Kurse der aktuellen Währung, denn Schweden besitzt im Gegensatz zu Deutschland seine eigene Währung, die schwedischen Kronen. Schrecken sie also erst einmal nicht vor Preisen im Supermarkt zurück, die ihnen zu hoch erscheinen. Das liegt meist nur daran, dass man nicht an die andere Währung gewöhnt ist. Vorsichtig sollten sie jedoch in Restaurants sein, da die Preise dort oft stark variieren. Egal, zu welcher Jahreszeit Sie auch kommen mögen, jede Zeit hat ihren Vorteil.

Schlusswort

Norrköping hat so viel, was es zu entdecken gilt. Durch all die alten Industriegebäude in der Stadt fühlt man sich ständig, als wäre man zum Teil 200 Jahre zurück in der Zeit, und durch die teilweise sehr modernen Straßen gleichzeitig in der Gegenwart. Der Charme dieser alten Stadt ist atemberaubend, genau wie die vielen Sehenswürdigkeiten, die es zu besichtigen gibt. Mit dieser Mischung aus Geschichte, Kultur, Gegenwart und Vergangenheit hat die Stadt mich in ihren Bann gezogen. Wer keine Lust darauf hat, die Umgebung Norrköpings zu erkunden hat, hat immer noch genug in der Stadt zu erleben. Anders herum ist es genauso. Wer das Stadtleben eher meidet, kann in der einzigartigen Natur des Umlands ebenfalls viele spannende Dinge erleben. Aber vielleicht ist auch ein gesunder Mix die richtige Lösung. Egal wie man sich entscheidet, egal ob man seinen Aufenthalt in oder im Umland der Stadt verbringt, Norrköping hält so viel bereit, so dass für jeden etwas dabei ist. Die Menschen in Norrköping sind stets respektvoll und höflich zu mir gewesen. Ich hatte nie eine Person vor mir, die mir unhöflich erschien, ein Phänomen! Jeder kann in Norrköping etwas finden, das ihn mit der Stadt verbindet. Man muss die Stadt nur richtig kennenlernen, um sie auch zu verstehen.

Packliste

Geld & Finanzen

O (evtl.) Auslandswährung
O Bargeld
O Bauchtasche
O Brustbeutel
O Bauchtasche
O EC-Karte
O Kreditkarte
O Notfall-Telefonnummern der Banken
O Portmonee

Hygiene

O Haarbürste / Kamm
O Deo (klein)
O Shampoo
O Kulturtasche
O Sonnencreme
O Taschentücher

O Reise-Zahnbürste und Zahnpasta
O Verhütungsmittel

Kleidung

O Badeklamotten
O Gürtel
O Hosen kurz / lang
O Mütze / Cap / Hut
O Pullover
O Regenjacke
O Schlafanzug
O Socken
O Sonnenbrille
O Sportklamotten / Jogginghose
O T-Shirts
O Unterwäsche

Medikamente

O Blasenpflaster
O Anti-Durchfalltabletten
O Erste-Hilfe-Set

O Fiebertabletten
O Fiebertabletten
O Mückenschutz
O sonstige Medikamente
O Pflaster
O Kopfschmerztabletten

Unterlagen & Papiere

O ADAC Unterlagen
O Adresslisten für Postkarten
O Krankversicherungsnachweis
O Stadtplan
O Führerschein
O Unterlagen für die Unterkunft
O Wasserdichte Hülle für Reiseunterlagen
O Impfausweis
O Mietwagenunterlagen
O Personalausweis
O Reisepass
O Reisetagebuch
O evtl. Studentenausweis

O evtl. Visum
O Zug- / Bahn- / Flugticket

Taschen & Rucksäcke

O Koffer / Trolley / Reisetasche
O Regenhülle für Rucksack
O Rucksack

Schuhe

O Badeschlappen / Hausschuhe
O Schuhe und Wechselschuhe

Sonstiges

O Brille / Kontaktlinsen und Etui
O Buch zum Lesen
O Ohrenstöpsel und Schlafmaske
O Regenschirm
O Reisedecke
O Wasserflasche
O Wörterbuch

Elektronik

O Digitalkamera
O Handy
O Ladekabel
O Kopfhörer
O evtl. Steckdosenadapter
O Power-Bank

Herstellung und Verlag:

BoD – Books on Demand, Norderstedt

ISBN: 9783750460546

© Swantje Jeschke 2020

1. Auflage

Kontakt: Psiana eCom UG/ Berumer Str. 44/ 26844 Jemgum

Covergestaltung: Fenna Larsson

Coverfoto: depositphotos.com